अपने सामने

[कविता संग्रह]

अपने सामने

कुँवर नारायण

राजकमल प्रकाशन

ISBN : 978-81-267-0562-7

मूल्य : ₹395

पहला संस्करण : 1979
चौदहवाँ संस्करण : मार्च, 2024

प्रकाशक : राजकमल प्रकाशन प्रा.लि.
1-बी, नेताजी सुभाष मार्ग, दरियागंज
नई दिल्ली-110 002
शाखाएँ : अशोक राजपथ, साइंस कॉलेज के सामने, पटना-800 006
पहली मंजिल, दरबारी बिल्डिंग, महात्मा गांधी मार्ग, प्रयागराज-211 001
1, अनमोल सोराबजी संतुक लेन, धोबी तलाव, मरीन लाइंस, मुम्बई-400 002
वेबसाइट : www.rajkamalprakashan.com
ई-मेल : info@rajkamalprakashan.com

मुद्रक : बी.के. ऑफसेट
नवीन शाहदरा, दिल्ली-110 032

APNE SAMNE
Poems by Kunwar Narain

क्रम

एक

दो*

*इस खण्ड की अधिकांश कविताएँ 1970 से पहले की हैं

एक

अन्तिम ऊँचाई

कितना स्पष्ट होता आगे बढ़ते जाने का मतलब
अगर दसों दिशाएँ हमारे सामने होतीं,
हमारे चारों ओर नहीं।
कितना आसान होता चलते चले जाना
यदि केवल हम चलते होते
बाक़ी सब रुका होता।

मैंने अक्सर इस ऊलजलूल दुनिया को
दस सिरों से सोचने और बीस हाथों से पाने की कोशिश में
अपने लिए बेहद मुश्किल बना लिया है।

शुरू-शुरू में सब यही चाहते हैं
कि सब कुछ शुरू से शुरू हो,
लेकिन अन्त तक पहुँचते-पहुँचते हिम्मत हार जाते हैं।
हमें कोई दिलचस्पी नहीं रहती
कि वह सब कैसे समाप्त होता है
जो इतनी धूमधाम से शुरू हुआ था
हमारे चाहने पर।

दुर्गम वनों और ऊँचे पर्वतों को जीतते हुए
जब तुम अन्तिम ऊँचाई को भी जीत लोगे—
जब तुम्हें लगेगा कि कोई अन्तर नहीं बचा अब

तुममें और उन पत्थरों की कठोरता में
जिन्हें तुमने जीता है—
जब तुम अपने मस्तक पर बर्फ़ का पहला तूफ़ान झेलोगे
और काँपोगे नहीं—
तब तुम पाओगे कि कोई फ़र्क़
नहीं सब कुछ जीत लेने में
और अन्त तक हिम्मत न हारने में।

समुद्र की मछली

बस वहीं से लौट आया हूँ हमेशा
अपने को अधूरा छोड़कर
जहाँ झूठ है, अन्याय है, कायरता है, मूर्खता है—
प्रत्येक वाक्य को बीच ही में तोड़-मरोड़कर,
प्रत्येक शब्द को अकेला छोड़कर,
वापस अपनी ही बेमुरौव्वत पीड़ा के
एकांगी अनुशासन में
किसी तरह पुनः आरम्भ होने के लिए।

अख़बारी अक्षरों के बीच छपे
अनेक चेहरों में एक फक् चेहरा
अपराधी की तरह पकड़ा जाता रहा बार-बार
अद्‌भुत कुछ जीने की चोर-कोशिश में :

लेकिन हर सज़ा के बाद वह कुछ और पोढ़ा होता गया,
वहीं से उगता रहा जहाँ से तोड़ा गया,
उसी बेरहम दुनिया की गड़बड़ रौनक़ में
गुंजाइश ढूँढ़ता रहा बेहयाई से जीने की। किसी तरह
बची उम्र खींचकर दोहरा ले
एक से दो और दो से कई गुना, या फिर
घेरकर अपने को किसी नये विस्तार से
इतना छोटा कर ले जैसे मछली
और इस तरह शुरू हो फिर कोई दूसरा समुद्र...

आपद्धर्म

कभी तुमने कविता की ऊँचाई से
देखा है शहर?
अच्छे-भले रंगों के नुक़सान के वक़्त
जब सूरज उगल देता है रक्त।

बिजली के सहारे रात
स्पन्दित एक घाव स्याह बक्तर पर।
जब भागने लगता एक पूँछदार सपना
आँखों से निकलकर
शानदार मोटरों के पीछे। वह आती है
घर की दूरी से होटल की निकटता तक
लेकिन मुझे तैयार पाकर लौट जाती है
मेरा ध्यान भटकाकर उस अँधेरे की ओर
जो रोशनी के आविष्कार से पहले था।

उसकी देह के लचकते मोड़,
बेहाल सड़कों से होकर अभी गुज़रे हैं
कुछ गये-गुज़रे देहाती ख़्याल, जैसे
पनघट, गोरी, बिंदिया वग़ैरह
और इसी अहसास को मैंने
अक्सर इस्तेमाल से बचाकर
रहने दिया कविता की ऊँचाई पर,

और बदले में मोम की किसी
सजी-बनी गुड़िया को
बाँहों में पिघलने दिया।

जलते-बुझते नीऑन-पोस्टरों की तरह
यह सधी-समझी प्रसन्नता।
सोचता हूँ
इस शहर और मेरे बीच
किसकी ज़रूरत बेशर्म है ?
एक ओर हर सुख की व्यवस्था,
दूसरी ओर प्यार आपद्धर्म है।

विकल्प-1

कभी-कभी लगता है अपने ही किसी दुःस्वप्न में क़ैद हूँ
आज से हज़ारों साल पहले
और अपराधी नहीं हूँ।

इस तरह घिरे रहना अकारण
अपराधी न होने के भाव से
कहीं मज़बूत करता है मेरे विरुद्ध मेरे ही भयों को
कि आज भी कड़े पहरे में हूँ।

कई बार पहले भी मुझे मुक्त किया जा चुका है
दीवारों से, तालों से, चौकीदारों से
लेकिन इस भय से नहीं छूट पाता कि हर समय
किसी की निगरानी में हूँ
और एक घर की ओर बेतहाशा भागा जा रहा हूँ।

इस बार भी मुझे छोड़ दिया जायगा
किसी ऐसी जगह ले जाकर जो केवल मेरी यादों में शेष होगी
लेकिन जहाँ अब मेरी कोई याद शेष न होगी। एक नयी ज़िन्दगी
शुरू करने के लिए।

एक गुनाह की शर्त और एक लम्बी क़ैद की व्यवस्था के बीच
फिर पकड़े जाने के सिवाय
मेरे पास कोई दूसरा विकल्प न होगा।

विकल्प-2

कोई गश्त लगा रहा है मेरी यादों में—
मैं पहरे में हूँ।
कितना भयानक धैर्य है इस एक लय में
जिसके साथ मेरे हृदय की धड़कन
बँध-सी गयी है।

उँगलियों के फन्दे बनाकर
जकड़ लिया है मैंने अपने टूटते-बिखरते साहस को
और भरपूर चिल्लाता हूँ : 'नज़दीक आओ, और नज़दीक,
मैं तुम्हारा
या किसी का
बुरा नहीं चाहता।
तुम क्यों मुझे घेरते हो
अपने शकों से?

मुझे एक मनुष्य की तरह पढ़ो, देखो और समझो
ताकि हमारे बीच एक सहज और खुला रिश्ता बन सके
माँद और जोखिम का रिश्ता नहीं।'

सहयात्रियो, तुम्हारे स्वार्थ की धमकी
क्या मुझे अक्सर इसी विकल्प की ओर ढकेलती है
कि चलती ट्रेन से बाहर कूद जाऊँ?

जब आदमी आदमी नहीं रह पाता

दरअसल मैं वह आदमी नहीं हूँ जिसे आपने
ज़मीन पर छटपटाते हुए देखा था।
आपने मुझे भागते हुए देखा होगा
दर्द से हमदर्द की ओर।
वक़्त बुरा हो तो आदमी आदमी नहीं रह पाता। वह भी
मेरी ही और आपकी तरह आदमी रहा होगा। लेकिन
आपको यक़ीन दिलाता हूँ
वह मेरा कोई नहीं था, जिसे आपने भी
अँधेरे में मदद के लिए चिल्ला-चिल्लाकर
दम तोड़ते सुना था।

शायद उसी मुश्किल वक़्त में
जब मैं एक डरे हुए जानवर की तरह
उसे अकेला छोड़कर बच निकला था ख़तरे से सुरक्षा की ओर,
वह एक फँसे हुए जानवर की तरह
ख़ूँख़्वार हो गया था।

तब भी कुछ नहीं हुआ

तब भी कुछ नहीं हुआ।
जिन नंगे तारों को मैंने अकस्मात् छू लिया था
उनमें बिजली नहीं थी।
मुझे एक झटका लगा कि उनमें बिजली नहीं है।
मुझे अकसर एक झटका लगता है जब वहाँ
बिजली नहीं होती
जहाँ बिजली को होना चाहिए।

मुझे लगता कि मैं शर्म से डूब रहा हूँ
एक चुल्लू पानी में।

उनकी हत्या नहीं की गयी।
उन्हें इजाज़त नहीं दी गयी कि वे भी हों
जो उतावले हो रहे थे
खौलते जुलूसों और हंगामों की सतह पर।

एक बार दाँत उखड़वाते वक़्त भी मुझे ऐसा ही
लगा था
कि यह एक दूसरी क्रान्ति की शुरुआत है,
एक ठण्डी क्रान्ति, जिसमें न शर्म आती है
न दर्द होता है।

शक

मैं उन्हें नहीं सुन रहा था।
मैं उन्हें नहीं देख रहा था।
मैं उन्हें नहीं बोल रहा था।
मैं उनके लिए सो रहा था। मेरा घर
मेरा सामान
मेरे 'होने' का असली सबूत नहीं थे।

मुझे अफ़सोस है
कि मेरे वहाँ 'मौजूद होने' के एक बिल्कुल दूसरे मतलब को
कुछ चोरों के शक ने
नाहक मार डाला।

बँधा शिकार

कुछ ठहर-सा गया है मेरे बिल्कुल पास
मुझे सूँघता हुआ।
किसी भी क्षण
आक्रमण कर सकनेवाली
एक बर्बर ताक़त। वह
क्या चाहता है?

क्या है मेरे पास
उसको देने लायक़
जिसे उसकी तरफ़ फेंककर
अपने को बचा लूँ?

वह अपनी खुरदुरी देह को रगड़ता है
मेरी देह से जो अकड़कर वृक्ष हो गयी है।
वह कुछ दूर जाकर रुक गया है।
उसे कोई जल्दी नहीं।
वह जानता है कि मैं बँधा हूँ
और वह एक खुला शिकारी है।

नयी कक्षा में

नयी कक्षा में एक नये सबक़ की शुरुआत।
एक साफ़ ब्लैकबोर्ड
जैसे किसी बच्चे का दिमाग़

उस पर कुछ लिखते ही
एक बेंत की सड़ाक् से
दो हिस्सों में कट जाते
होश और हवास

एक हिस्सा पीठ,
दूसरा सब्र का इतिहास,
दोनों जुड़वाँ भाइयों की तरह
एक साथ बढ़ते।
उम्र ढली
यही सबक़ पढ़ते !

अनिश्चय

मुझमें फिर एक अनुपस्थिति का शोक है,
और मैं उसमें ज़िन्दा हूँ।

एक अकारण शुरुआत और अकारण मृत्यु के बीच
कहाँ हूँ?

मैं कोमल हुआ था यहीं कहीं जैसे एक फूल।
मैं कठोर हो गया हूँ जैसे मेरी यादगार का पत्थर।
जड़ता
जैसे अभी आक्रमण करेगी।

अनेक अतीतों और अनेक भविष्यों के बीच
मैंने वर्तमान को कभी-कभी ऐसे भी ठहर जाते देखा है
मानो वह केवल
स्मृतियों में जाग रहा,
एक जन्मसिद्ध समय
जीने से भाग रहा।

कितनी कठिन यातना है
इस तरह अकस्मात एक ज़िन्दा पल का ठहरे रह जाना
वहीं का वहीं। अव्यतीत। अघटित। अवाक्।
और रोज़ पैदा होते नये-नये वीरानों का चिल्लाना बेज़बान—

बीत, कुछ तो बीत हम पर
ज़िन्दगी या मौत-सा स्पष्ट,
हमको अनिश्चय से चीरते क्षण...बीत...

एक अजीब दिन

आज सारे दिन बाहर घूमता रहा
और कोई दुर्घटना नहीं हुई।
आज सारे दिन लोगों से मिलता रहा
और कहीं अपमानित नहीं हुआ।
आज सारे दिन सच बोलता रहा
और किसी ने बुरा न माना।
आज सबका यक़ीन किया
और कहीं धोखा नहीं खाया।

और सबसे बड़ा चमत्कार तो यह
कि घर लौटकर मैंने किसी और को नहीं
अपने ही को लौटा हुआ पाया।

अब वो नहीं रहे

एक हिसाब है जो उससे न जाने कितनी बार
चुकता करवाया जा चुका है।
एक मकान है जो न जाने कितनी बार उससे ख़ाली
करवाया जा चुका है।
और हर बार उसे
किसी अन्तहीन अदालत में
यह बेमतलब सवाल पूछते रहने के लिए
भटका दिया जाता है
कि आख़िर इस सबका मतलब क्या है?

आज सुबह से ही उसके घर के सामने
किसी बेरहम कार्रवाई की सरगर्मी है!
वह जानता है कि वे फिर आनेवाले हैं,
और उसके लिए, बदस्तूर, एक हुक्म लानेवाले हैं
कि अपना घर फ़ौरन ख़ाली करो।

फिर उसके घर का ताला टूटेगा।
फिर उसका सामान फेंका जायगा।
फिर कोई दूसरा ताला उसके दरवाज़े पर लगेगा।
फिर एक ख़बर फैलेगी शहर-भर में
कि उस घर में अब वो नहीं रहते।

एक अदद कविता

जैसे एक जंगली फूल की आकस्मिकता
मुझमें कौंधकर मुझसे अलग हो गयी हो कविता

और मैं छूट गया हूँ कहीं
जहन्नुम के ख़िलाफ़
एक अदद जुलूस
एक अदद हड़ताल
एक अदद नारा
एक अदद वोट
और अपने को अपने ही
देश की फटी जेब में सँभाले
एक अवमूल्यित नोट
सोचता हुआ कि प्रभो
अब कौन किसे किस-किसके नरक से निकाले?

इन्तिज़ाम

कल फिर एक हत्या हुई
अजीब परिस्थितियों में।

मैं अस्पताल गया
लेकिन वह जगह अस्पताल नहीं थी।
वहाँ मैं डॉक्टर से मिला
लेकिन वह आदमी डॉक्टर नहीं था।
उसने नर्स से कुछ कहा
लेकिन वह स्त्री नर्स नहीं थी।
फिर वे ऑपरेशन-रूम में गये
लेकिन वह जगह ऑपरेशन-रूम नहीं थी।
वहाँ बेहोश करनेवाला डॉक्टर
पहले ही से मौजूद था—मगर वह भी
दरअसल कोई और था।

फिर वहाँ एक अधमरा बच्चा लाया गया
जो बीमार नहीं, भूखा था।

डॉक्टर ने मेज़ पर से
ऑपरेशन का चाकू उठाया
मगर वह चाकू नहीं
जंग लगा भयानक छुरा था।

छुरे को बच्चे के पेट में भोंकते हुए उसने कहा
अब यह बिल्कुल ठीक हो जायगा।

विश्वासघात

पहले उसे ऊपर उठाओ। उसकी कोठरी को
बुनियाद से उखाड़कर
खाट की तरह सीधा खड़ा कर दो : फिर उसको
उसके घर के बन्द किवाड़ों के ऊपर।
वह आश्चर्य करेगा।

उसके दोनों हाथ उसके पीछे बाँध दो,
और एक बेहतरीन झूठ उसकी आँखों पर,
शायद वह कुछ नहीं कहेगा।
वह यह मान लेगा कि फ़िलहाल
इसी में उसका भला है।

अब उसी के कुएँ से निकाल कर लायी गयी
रस्सी का फन्दा बनाकर
उसके गले में माला की तरह डाल दो।
पूजा में रखे घड़े की तरह वह कुछ नहीं करेगा।

रस्सी का दूसरा सिरा
उसके घर के सामनेवाले पुराने दरख़्त से बाँध दो।
वह तुम दोनों को प्रणाम करेगा।

अब उससे पूछो वह क्या चाहता है।
और अगर वह केवल अपने घर में शान्ति से रहना चाहता हो

तो चुपचाप उठकर
उसके लिए उसके घर का दरवाज़ा खोल दो।

वह छटपटाएगा। लेकिन छटपटाना कोई तर्क नहीं।
वह मर गया है, और अब उसमें और तुममें कोई फ़र्क़ नहीं।

ऊँचा उठा सिर

उसकी विवशता और छटपटाहट
जिसे एक अन्तहीन मृत्यु ने
अपने सीने से चिपका रखा हो।

उसकी लटकी हुई छाती, धँसा हुआ पेट, झुके हुए कन्धे, वह
कौन है हमेशा जिसकी हिम्मत नहीं केवल घुटने तोड़े जा सके?

उसके ऊँचे उठे सिर पर एक बोझ रखा है
काँटों के मुकुट की तरह
बस इतने ही से पहचानता हूँ
आज भी
उस मनुष्य की जीत को।

पूरे की तलाश में

तुम जो कभी अपने बायें हाथ की तरह बेवक़ूफ़ हो
और कभी अपने दाहिने हाथ की तरह चालाक।
क्यों एक-दूसरे को एक-दूसरे के ख़िलाफ़
हाथों या हथियारों की तरह उठाकर
फिर वहीं के वहीं जा पहुँचते हो
            जहाँ तुम पहले ही से थे?

एक से दूसरी करवट बदलते हुए
            —मेरे सोये हाथ
मैंने अक्सर अपने पीछे सुनी है
किसी दरवाज़े के बन्द होने की आवाज़। और फिर
बहुत-सी आवाज़ों के एक साथ बन्द हो जाने की
            ख़ामोशी
ख़ामोशी जिसकी अपनी ज़बान होती है
            और भयानकता
जैसे एक मटमैली जिल्दोंवाली किताब
अचानक एक रात कहीं से खुल जाय
और बीच में दबी मिले एक कटी हुई जीभ
और वह निकल पड़े
अपने बाक़ी हिस्सों की तलाश में।

आदमी अध्यवसायी था

'आदमी अध्यवसायी था' अगर
इतने ही की जयन्ती मनाकर
सी दी गयी उसकी दृष्टि
उसके ही स्वप्न की जड़ों से। न उगने पाई
उसकी कोशिशें। बेलोच पत्थरों के मुक़ाबले
कटकर रह गये उसके हाथ

तो कौन संस्कार देगा
उन सारे औज़ारों को
जो पत्थरों से ज़्यादा उसको तराशते रहे।
चोटें जिनकी पाशविक खरोंच और घावों को
अपने ऊपर झेलता
और वापस करता विनम्र कर
ताकि एक रूखी कठोरता की
भीतरी सुन्दरता किसी तरह बाहर आए।

उसको छूती आँखों का अधैर्य कि वह पारस क्यों नहीं
जो छूते ही चीज़ों को सोना कर दे? क्यों खोजना पड़ता है
मिथकों में, वक्रोक्तियों में, श्लेषों में, रूपकों में
झूठ के उलटी तरफ़ क्यों इतना रास्ता चलना पड़ता है
एक साधारण सचाई तक भी पहुँच पाने के लिए?

शनाख़्त के सिलसिले

कोई न कोई ज़िन्दा चीज़
ख़तरे में पड़ती है। दुनिया
जब भी बरामद होती एक लाश की तरह
निकलकर अपने अतीत से न-मरों के बीच। तमाम
छिन्न-भिन्न सूत्र इकट्ठा होते
एक ज़बरदस्त माँग में—'क्या वजह थी
हत्या की?'
आत्महत्या की?
सबको शक की नज़र से
देखते हुए। सच
गवारा होता है, कि वे जो

फिर एक शनाख़्त के सिलसिले में
पकड़कर लाये हैं
किसी दब्बू बनिये को डराये-धमकाये
चेहरों के बीच कि बूझ—कौन नहीं है निर्दोष इनमें?
कौन हैं
पूछनेवाले? कौन होते हैं?

वही जो हमेशा
हर मौक़े पर
ज़बान खिंचवाकर कुबुलवा सकते हैं किसी से भी

किसी के लिए भी कि हाँ
यही है वह बदमाश कारीगर
जिसक़ी उन्हें अरसे से तलाश थी—जिसने
रावण के दसों सिरों पर
मुकुट के बजाय गाँधी-टोपी रख दी थी।

जनता का कुसूर नहीं होता। उसने तो
हर बार की तरह इस बार भी
सिर्फ़ जला दिया था हंगामों और पटाख़ों के बीच
रद्दी अख़बारों का बना एक पुतला और।

अपने बजाय

रफ़्तार से जीते
दृश्यों की लीलाप्रद दूरी को लाँघते हुए : या
एक ही कमरे में उड़ते-टूटते लथपथ
दीवारों के बीच
अप्‌ने को रोककर सोचता जब

तेज़ से तेज़तर के बीच समय में
किसी दुनियादार आदमी की दुनिया से
हटाकर ध्यान
किसी ध्यान देनेवाली बात को,
तब ज़रूरी लगता है ज़िन्दा रखना
उस नैतिक अकेलेपन को
जिसमें बन्द होकर
प्रार्थना की जाती है
या अपने से सच कहा जाता है
अपने से भागते रहने के बजाय।

मैं जानता हूँ किसी को कानोंकान ख़बर
न होगी
यदि टूट जाने दूँ उस नाज़ुक रिश्ते को
जिसने मुझे मेरी ही गवाही से बाँध रखा है,
और किसी बातूनी मौक़े का फ़ायदा उठाकर

उस बहस में लग जाऊँ
जिसमें व्यक्ति अपनी सारी ज़िम्मेदारियों से छूटकर
अपना वकील बन जाता है।

मतलब का रिश्ता

चमकता सूरज
आईने में कोई दूसरा
आँखों में कोई दूसरा

कोई और कहता
मेरी बात औरों से

नाव की दिशा में
बहती पूरी की पूरी नदी

इतने सार्थक अन्तरों पर
धड़कता कि साफ़ पढ़ा जा सकता
एक दिल सभी में
सभी कुछ में कोई
कभी पत्थर में हमारा दिल
कभी हम पत्थर-दिल

ताज्जुब कि हम ही उस वक़्त भी थे गवाह
जब कुछ ख़ास शब्द पैदा हुए थे
और जिनकी शान के ख़िलाफ़
हम ही आज हैं घर-घर में उनका ख़ून
यूँ कि जब कहता कि सच कहता

वह झूठ लगता
हमारे बीच मतलब का रिश्ता तो है
मगर उन शब्दों के मतलब का नहीं
जो या तो बीत गया
या था ही नहीं-सा

अवकाशप्राप्त समय में

वह समय था
जब अपने बारे में चीज़ों के बयान
स्पष्ट होते हैं, और उनसे
असलियत को छिपाना मुश्किल।
वह समय था जब ज़्यादा गहरा होता है यक़ीन
चीज़ों से आदमी में।

ज़रूरी नहीं थी अब
एक ऐसे एजेंट की तलाश
जो यह तय करवा देता कि मकान
लालबाग़ में बनवाया जाय या क़ैसरबाग़ में।

अब
किसी तरह मिल गये अवकाशप्राप्त समय
और एक साधारण पेन्शन में सिर्फ़
एक अन्तिम फ़ैसले की गुंजाइश थी
कि बाक़ी जीवन
पहले गीता से शुरू किया जाय
या पहले रामायण से?

तुम मेरे हर तरफ़

और तुम मेरे हर तरफ़
हर वक़्त
इतनी मौजूद :
मेरी दुनिया में
तुम्हारा बराबर आना-जाना
फिर भी ठीक से पहचान में न आना
कि कह सकूँ
देखो, यह रही मेरी पहचान
मेरी अपनी बिल्कुल अपनी
सब से पहलेवाली
या सबसे बादवाली
किसी भी चीज़ की तरह
बिल्कुल स्पष्ट और निश्चित।

अब उसे चित्रित करते मेरी उँगलियों के बीच से
निचुड़कर बह जाते दृश्यों के रंग,
लोगों और चीज़ों के वर्णन
भाषा के बीच की ख़ाली जगहों में गिर जाते।
ठहरे पानी के गहरे डुबाव में
एक परछाईं एक परत और सिकुड़ती।
शाम के अँधेरे ठण्डे हाथ।
मेरे कन्धों पर बर्फ़ की तरह ठण्डे हाथ
मुझे महसूस करते हैं।

सतहें

सतहें इतनी सतही नहीं होतीं
न वजहें इतनी वजही
न स्पष्ट इतना स्पष्ट ही
कि सतह को मान लिया जाय काग़ज़
और हाथ को कहा जाय हाथ ही।

जितनी जगह में दिखता है एक हाथ
उसका क्या रिश्ता है उस बाक़ी जगह से
जिसमें कुछ नहीं दिखता है?
क्या वह हाथ
जो लिख रहा
उतना ही है
जितना दिख रहा?
या उसके पीछे एक और हाथ भी है
उसे लिखने के लिए बाध्य करता हुआ?

बाक़ी कविता

पत्तों पर पानी गिरने का अर्थ
पानी पर पत्ते गिरने के अर्थ से भिन्न है।

जीवन को पूरी तरह पाने
और पूरी तरह दे जाने के बीच
एक पूरा मृत्यु-चिह्न है।

बाक़ी कविता
शब्दों से नहीं लिखी जाती,
पूरे अस्तित्व को खींचकर एक विराम की तरह
कहीं भी छोड़ दी जाती है...

दो

चलती हुई सड़कें

चलती हुई सड़कें।
बोलता हुआ पास-पड़ोस।
लड़के के निधन पर आज
शोक-ग्रस्त हैं श्री बोस।
लिली ने अभी-अभी समाप्त किया
'कामिक्स' का एक और पन्ना।
'लड़के की शादी पर आपको
सपरिवार आमन्त्रित करते हैं खन्ना।'
बैंक में लम्बा ग़बन—क्लर्क पकड़ा गया।
सेठ का दिवाला—कोई ग़रीब रगड़ा गया।
आधुनिक सेक्स-प्रतीक द्वारा
आत्महत्या-—मेरिलीन मनरो।
राधानागर
मेरी भव-बाधा हरो।

कल छुट्टी थी—आज अख़बार नहीं।
चिट्ठी-तार नहीं।
मैं अच्छा लगता हूँ
धोती में? या पतलून में?
बाल घर पर कटवाऊँ?
या सैलून में?
कैनेडी की हत्या।

हत्यारा गिरफ़्तार।
हत्यारे की हत्या।
असली हत्यारा फ़रार?
नौकर छुट्टी पर,
मेहमान का तार—आ रहा हूँ।
(आइए, मैं भाड़ में जा रहा हूँ।)
सम्पादक की चिट्ठी
'शीघ्र कुछ भेजिए'
(मेहरबान, कुछ आप भी तो भेजिए!)
आज शाम कुछ लोगों से मिलना ज़रूरी,
आज ही घर पर मुण्डन है—क्षमा करें मजबूरी।
पड़ोसिन ज़रूरत से ज़्यादा कर्कशा है।
एक ओर अमरीका तो दूसरी ओर रशा है।
मुहब्बत एक नशा
तो शादी दुर्दशा है।
भरी-पूरी ज़िन्दगी बड़े-बड़े काम की
ऐसे गुज़रती है जैसे हराम की।
धोबी का कुत्ता है—न घर की न घाट की।
आत्महत्या न कर लूँ कहीं
इस ज़िन्दगी से ऊब
इसलिए भाँग पी और देख डाला 'मेरे महबूब!'

लगभग दस बजे रोज़

लगभग दस बजे रोज़
वही घटना
फिर घटती है।
वही लोग
उसी तरह
अपने बीवी-बच्चों को अकेला छोड़कर
घरों से बाहर निकल आते हैं। मगर
भूकम्प नहीं आता।
शाम होते-होते
वही लोग
उन्हीं घरों में
वापस लौट आते हैं,
शामत के मारे
थके-हारे।

मैं जानता हूँ
भूकम्प इस तरह नहीं आएगा। इस तरह
कुछ नहीं होगा।
ये लोग किसी और वजह से डरे हुए हैं।
ये सब बार-बार
उसी एक पहुँचे हुए नतीजे पर पहुँचकर
रह जाएँगे कि झूठ एक कला है, और

हर आदमी कलाकार है जो यथार्थ को नहीं
अपने यथार्थ को
कोई न कोई अर्थ देने की कोशिश में पागल है !

कभी-कभी शाम को घर लौटते समय
मेरे मन में एक अमूर्त कला के भयानक संकेत
आसमान से फट पड़ते हैं—जैसे किसी ने
तमाम बदरंग लोगों और चीज़ों को इकट्ठा पीसकर
किसी सपाट जगह पर लीप दिया हो
और रक्त के सरासर जोखिम के विरुद्ध
आदमी के तमाम दबे हुए रंग
ख़ुद-ब-ख़ुद उभर आए हों।

विभक्त व्यक्तित्व

मुक्तिबोध के निधन पर

वह थक कर बैठ गया जिस जगह
वह न पहली, न अन्तिम,
न नीचे, न ऊपर,
न यहाँ, न वहाँ...

कभी लगता—एक क़दम आगे सफलता।
कभी लगता—पाँवों के आसपास जल भरता।

सोचता हूँ उससे विदा ले लूँ
वह जो बुद्ध-सा चिन्तामग्न हिलता न डुलता।
वह शायद अन्य है क्योंकि अन्यतम है।

वैसे जीना किस जीने से कम है
जबकि वह कहीं से भी अपने को लौटा ले सकता था
शिखर से साधारण तक,
शब्दों के अर्थजाल से केवल उनके उच्चारण तक।

सिद्धि के रास्ते जब दुनिया घटती
और व्यक्ति बढ़ता है,
कितनी अजीब तरह
अपने-आपसे अलग होना पड़ता है।

रेखा के दोनों ओर

एक बिन्दु से दूसरे तक
एक सीधी रेखा में अगर वह दौड़ता चला जाता
तो भी जगह दो साफ़ हिस्सों में बँटी हुई दिखती। किन्तु

शुरू होते ही
चुटकले-सा चौकोर एक घर,
घर के सामने समानान्तर सड़क,
सड़क के दूसरी ओर दूसरा तजुर्बा, दूसरे
रास्ते, चौराहे, दीवारें

और इन्हीं में कहीं बेढंगा फँसा एक त्रिकोण
जिसका ज़िक्र उसकी कहानियों में काफ़ी बाद तक रहा।

इस सबके बावजूद उसने देखा
कि अभी बहुत-कुछ हो सकता था। अगर
उस पड़ी रेखा पर कहीं
एक छोटा-सा घेरा बना दिया जाय
इस तरह कि हर अनुभव आधा रेखा पर
आधा उससे ऊपर।

उसने देखा
कि एक बँधी रेखा पर सीधे बढ़ते जाने से

घेरे को बढ़ाते जाना
उसके वक़्त और जगह को अधिक माने देता था,
यानी उसे दूसरों को अधिक देने और पाने देता था।

दूसरों ने समझा कि वह अधूरा है।
लेकिन यह उसकी अपनी शैली थी—
इस तरह अपने को देखना
मानो वह नहीं उसकी वजह से
बाक़ी सब पूरा है।

लखनऊ

किसी नौजवान के जवान तरीक़ों पर त्योरियाँ चढ़ाये
एक टूटी आरामकुर्सी पर
अधलेटे
अधमरे बूढ़े-सा खाँसता हुआ लखनऊ।
कॉफ़ी-हाउस, हज़रतगंज, अमीनाबाद और चौक तक
चार तहज़ीबों में बँटा हुआ लखनऊ।

बिना बात बात-बात पर बहस करते हुए—
एक-दूसरे से ऊबे हुए मगर एक-दूसरे को सहते हुए—
एक-दूसरे से बचते हुए पर एक-दूसरे से टकराते हुए—
ग़म पीते हुए और ग़म खाते हुए—
ज़िन्दगी के लिए तरसते कुछ मरे हुए नौजवानोंवाला लखनऊ।

नयी शामे-अवध—
दस सेकेन्ड में समझाने-समझनेवाली किसी बात को
क़रीब दो घण्टे की बहस के बाद समझा-समझाया,
अपनी सरपट दौड़ती अक़्ल को
किसी बे-अक़्ल की समझ के छकड़े में जोतकर
हज़रतगंज की सड़क पर दौड़ा-दौड़ाकर थकाया,
ख़्वाहिशों की जगह बहसों से काम चलाया,
और शामे-अवध को शामते-अवध की तरह बिताया।

बाज़ार—
जहाँ ज़रूरतों का दम घुटता है,
बाज़ार—
जहाँ भीड़ का एक युग चलता है,
सड़कें—
जिन पर जगह नहीं,
भागाभाग—
जिसकी वजह नहीं,
महज़ एक बे-रौनक़ आना-जाना,
यह है—शहर का बिसातख़ाना।

किसी मुर्दा शानोशौकत की क़ब्र-सा,
किसी बेवा के सब्र-सा,
जर्जर गुम्बदों के ऊपर
अवध की उदास शामों का शामियाना थामे,
किसी तवाइफ़ की ग़ज़ल-सा
हर आनेवाला दिन किसी बीते हुए कल-सा,
कमान-कमर नवाब के झुके हुए
शरीफ़ आदाब-सा लखनऊ,
खण्डहरों में सिसकते किसी बेगम के शबाब-सा लखनऊ,
बारीक़ मलमल पर कढ़ी हुई बारीक़ियों की तरह
इस शहर की कमज़ोर नफ़ासत,
नवाबी ज़माने की जनानी अदाओं में
किसी मनचले को रिझाने के लिए
क़व्वालियाँ गाती हुई नज़ाकत :
किसी मरीज़ की तरह नयी ज़िन्दगी के लिए तरसता,
सरशार और मजाज़ का लखनऊ,
किसी शौक़ीन और हाय किसी बेनियाज़ का लखनऊ :

यही है क़िब्ला
हमारा और आपका लखनऊ।

चिकित्सा

ये सब केवल इन्तज़ार की बेसब्र घड़ियाँ हैं :
मुझे किसी अन्तिम घटना की ओर घसीटती हुई
छोटी-छोटी घटनाओं की मज़बूत कड़ियाँ हैं।

इस प्रतीक्षागृह से लगा हुआ एक और कमरा है
जिसमें एक अजनबी है : या, जो शायद, एक-दूसरे से
ढँके हुए अनेक अजनबियों से भरा है।

मैंने थोड़ा-सा समय अख़बार में पिरो लिया है,
अपनी ज़िन्दगी के कुछ क़ीमती समय को
किसी दवा के मनहूस विज्ञापन में खो लिया है।

अभी तक मेरा नम्बर नहीं आया।
दूसरे लोग मुझसे पहले जा चुके हैं
पर कोई लौटकर नहीं आया।

लगता है कमरे के बाहर एक बहुत बड़ा ख़्वाब है :
ज़िन्दगी एक टेढ़ा सवाल है
मौत जिसका सीधा-सा जवाब है !

पर तमाम सवालों की पहुँच से सुरक्षित हूँ इस समय,
दो कमरों के बीच बँटी हुई ज़िन्दगी
बहुत कुछ आशा है, बहुत कुछ भय।

टूटती हुई हिम्मत विज्ञापनों से बँध नहीं पाती,
पुरानी मैगज़ीनों के इन उदले हुए पन्नों से
तबीयत घबराती है—उचट-उचट जाती।

दूसरे कमरे में—
वे लोग मुझसे कुछ नहीं कहते,
वे लोग एक दूसरे से कुछ नहीं कहते,
वे लोग केवल मुझे अनुमानते हुए एक-दूसरे को देखते हैं,
वे लोग आपस में कुछ समझकर मेरी ओर
सन्देह की दृष्टि फेंकते हैं।

चलते समय मैं केवल इतना जान पाता हूँ
कि मृत्यु काली नहीं कोई सफ़ेद चीज़ है—
किसी नर्स की पोशाक की तरह सफ़ेद—बिल्कुल सफ़ेद।

चील

अतल में डूबे मनमौजी पंख। एक अक्षर
सूने पृष्ठ पर शीर्षक।
निरर्थक को सार्थक-सा बनाती। नटखट गुदगुदी से
धीर-गम्भीर आकाश को हँसाती।

समास-चिह्न ज़मीन और आसमान के बीच।
एक साहसिक दृष्टि से जीवन। ऊँचाई
पलायन नहीं, उत्कर्ष। उत्साह के स्तर से
अस्तित्व का सर्वेक्षण—
एक को दूसरे के पास लाती।
एक कील पर सारे आकाश को नचाती।

हवा के कन्धों पर सवार।
गली-कूचों के हस्तक्षेपों से परे।
दूरबीनी आँखों से देखती हमें
कमबख़्तियाँ जीते। ख़ुद, न जाने कितने
ख़तरों पर टिकी डगमगाती
ज़िन्दगी और मौत के बीच
नन्ही-सी जान झूम-झूम जाती।

हिसाब और किताब

मितव्ययी राष्ट्रीय विज्ञप्ति
बीच सड़क पर चिल्लाती : 'बचाओ ! बचाओ !
राष्ट्र के लिए बचाओ।' और छीन लेती मुझसे
मेरा रहा-सहा आराम
जो पहले ही से हराम।

मुझे रुआँसा देखकर
बीच-बचाव करती
अपने पेशे और मेरे मुल्क के प्रति
पूरी तरह वफ़ादार कोई हस्ती : 'डरो मत
सब ठीक हो जायेगा,
जो आज देगा
वह कल पायेगा।'

हाथों में लिये फटी क़मीज
घर बिकने तक हम
सही सलामत
हैं नहीं—सिर्फ़ हिसाब लगाते कि हैं
कहीं करोड़ों ख़र्चों के बीच एक फ़ज़ूलख़र्च
जिसे अभी बचाया जा सकता है !

कितनी पोढ़ी हो गयी है छाती हमारी
कि अब हम ज़माने का दर्द

इश्क़ के झूठ की तरह सहते हैं :
कितनी बुज़दिली से एक दिल की बात
दूसरे दिल से कहते हैं।

मेरा मतदान? ज़रूर लीजिए,
ग़ुलाम ग़ुलाम है,
(चाहे हुकुम का हो)
और बादशाह बादशाह।
इनके बीच कौन पूछे उन ख़स्त:हालों को
जिन्हें 'न सिताइश की तमन्ना न सिल: की
परवाह'!

चीज़ें और आदमी

बाहर से तमाम चीज़ें आकर
घर में भर गयीं
चलने-फिरनेवाली चीज़ों के रास्ते से अलग
कुर्सियाँ बैठ गयीं
पर्दे पड़ गये
तसवीरें लग गयीं
किताबें सोचने लगीं
कितना बड़ा मकान है
कितना इत्मीनान है...
इतने में वहाँ एक आदमी
भुन्नाता हुआ आया
और लगा कि हर चीज़ ने उसे
किसी मुसीबत की तरह उठाया।

अधूरे समझौते

कितने उदार हैं निवासी इस क़स्बे के
कि पहले ही से तैयार
तमाम बुज़ुर्ग रायों के बावजूद
आज फिर शुरू से सोचने का मौक़ा मिला।

अपने को बदलकर,
या फिर से पाकर,
उस सारे अपवाद से घनिष्ठता
जो अब कहानी हो गयी है। यानी
कितने अर्थ हो सकते थे इसी वर्षा के
जो अब जैसे-तैसे बरसकर पानी हो गयी है।

कहाँ वे अनोखे संकल्प
कि सबकुछ नये सिरे से...
कहाँ ये टूटे प्रयास
कि ग़नीमत को ही पूर्ण उपलब्धि कहना पड़ता है।

अनुचित लगता है अब

अनुचित लगता है अब
उचित और अनुचित में भेद करना।
बेमतलब सफ़ेद को स्याह
और स्याह को सफ़ेद करना।
ज़मीन की प्रार्थना से
आसमान में छेद करना।
कुछ भी कर गुज़रने के बाद
कुछ भी खेद करना।
असंगत या न्यायसंगत हो ज़रूरी नहीं,
बात निश्चयात्मक हो।
'शायद' से शुरू होकर हर दलील
अन्त में नकारात्मक हो।
बेमानी लगती है अब
किसी भी मानी की खोज।
मदारी की डुगडुगी की तरह शब्दों का इस्तेमाल,
जबकि हम अभी और नंगे हो सकते हैं
खींचकर एक-दूसरे की खाल...

ज़रूरतों के नाम पर

क्योंकि मैं ग़लत को ग़लत साबित कर देता हूँ
इसलिए हर बहस के बाद
ग़लतफ़हमियों के बीच
बिल्कुल अकेला छोड़ दिया जाता हूँ
वह सब कर दिखाने को
जो सब कह दिखाया।
वे जो अपने से जीत नहीं पाते
सही बात का भी जीतना सह नहीं पाते,
और उनकी असहिष्णुता के बीच
मैं किसी अपमानजनक नाते की तरह
बेमुरौव्वत तोड़ दिया जाता हूँ।
प्रत्येक रोचक प्रसंग से हटाकर,
शिक्षाप्रद पुस्तकों की सूची की तरह
घरेलू उपन्यासों के अन्त में
लापरवाही से जोड़ दिया जाता हूँ।

वे सब मिलकर
मेरी बहस की हत्या कर डालते हैं
ज़रूरतों के नाम पर
और पूछते हैं कि ज़िन्दगी क्या है
ज़िन्दगी को बदनाम कर।

लाउडस्पीकर

मुहल्ले के कुछ लोग लाउडस्पीकर पर
रात-भर
कीर्तन-भजन करते रहे।
मुहल्ले के कुत्ते लड़ते-झगड़ते
रात-भर
शान्ति-भंजन करते रहे।
मुझे ख़ुशी थी कि लोग भूँक नहीं रहे थे।
(कीर्तन तो अच्छी चीज़ है !)
और कुत्तों के सामने लाउडस्पीकर नहीं थे।
(गो कि भूँकना भी सच्ची चीज़ है।)

ताला

सुनते हैं एक समय में लोग
घरों में ताला नहीं लगाते थे
लेकिन जब से रोज़गारों ने
आदमी को सँभाला
घरों में
बाज़ारों में
जहाँ देखो ताला ही ताला

आज़ादी एक बन्दोबस्त है
तीन पायों की कुर्सी की तरह निरुपाय
जिसका चौथा और सबसे भारी पाया
भरी तिजोरियों पर लगा ताला
किसी करवट बैठो, असली दबाव
पड़ता है वहीं लामहाला

वक़्त नाज़ुक है
मगर कविता की तरह नाज़ुक नहीं

सोचता हूँ ये किस धन्धे में हाथ डाला
कि मुँह खोलते ही याद आता है दुकान का ताला।

आसन्न संकट में

जब भी मुझे अपने होने का वहम होता
मैं चीख़ता हूँ
अपने में किसी डर को बुरी तरह भरकर
अपनी औक़ात के बाहर मौतों की मौजूदगी के बावजूद
मुझे अँधेरे के थर्राने की आवाज़ पसन्द है।
एक फूल की ख़ूबसूरती से ज़्यादा ख़ूबसूरत
होती है उसकी हिम्मत...

क्या रवैया हो आसन्न संकट में?
बार-बार
पिछड़े सवालों के पचड़े रद्दी अख़बारों में बाँधे
'आख़िर कहाँ फेंके' की झंझट
कन्धों पर लादे सोचती है दुनिया—ये कूड़ा करकट...

अजीब दबावों से दब दबा कर
जब होते जाते (हम करते नहीं) टेढ़े-मेढ़े सवाल
बलिदानी मौक़ों पर फटेहाल
(यूँ ही मर रहे सब
असाध्य बीमारियों से लड़ते लड़ाई) शब्द
बिच्छुओं की तरह डंक मारते। हमारी चेतावनी
दूसरों से ज़्यादा हमें ही सावधान करती,
हमारी चुप्पी

हमारे ही घर की
एक वारदात होकर रह जाती

जब भी
शराफ़त को क्रोध की तरह तपाकर
किसी का कुछ बिगाड़ना चाहता हूँ बिगड़कर
रह जाती बिगड़ने की आदत बुझकर
रह जाती किसी फिसड्डी सुझाव में
यह भी देख सकने की ताक़त
कि अलग-अलग जुनून हैं कविता,
हिम्मत और बौखलाहट।

पचास करोड़ उद्योग-धन्धों से लथपथ समझ को
जब भी इस्तेमाल करना चाहता हूँ
किसी ख़ास तरह
तब लगता है
कहीं यह भी कोई जुर्म न हो
बहुतों के मामलों में
बहुतों से अलग राय रखना !

खेल

खेल कुछ नहीं... आदमी खेल था
और खेल था वह मंच जो आदमी ने बनाया
आदमी का खेल दिखाने के लिए
सब जानते कि सब खेल है
हाथों की सफ़ाई
नज़रों का धोखा और नज़रों की दुहाई !

जादूगर भी जानता कि सब जानते
फिर भी धोखा खाते सब जानकर
झूठ को सच मानकर कुछ घण्टे
कुछ घण्टे भी बहुत होते
लोग अगर मौक़ा दें तो साबित हो जाय
कि धोखा वहाँ भी है जहाँ वे समझते
कि नहीं है उनके जाँचने और जानने के बीच

देखते-देखते छल सकती मामूली चीज़ें
बेमानी आवाज़ें
जादू का काम करें
हमारी अक़्ल को हमारी ही अक़्ल से
हैरान करें हम किसी चीज़ को
बाहर ढूँढ़ते रहें परेशान जब कि
वह हो हमारे पास ही

और अन्त में हम
जादूगर पर ताज्जुब करते घर लौटें
अपने पर नहीं

गाय

सब से डरती गाय।
घास चरती गाय।
दूध देती गाय।

दूध पीता बच्चा।
दूध पीती बिल्ली।
दूध पीता साँप।

माँ, मुझको डर लगता :
मेरा घर
कैसे-कैसे जीवों का घर लगता !

एक मौसम

आसमानी फलक
बिल्कुल साफ़ था...कि मौसम
धूपछाँही रंगों में
तसवीर-सा उभर आया।

इच्छाओं के ठीक मुताबिक़
उस ख़ामोशी की एकतरफ़ा ज़िद को
मुआफ़ करता-सा वृक्ष का आयोजन।

ज़मीन और मौसम की
बेढंगी बनावट में
फूलों के लाल छींटों से
ख़ूब था
उनका बिल्कुल उसी तरह होना
और फिर हमेशा के लिए
असमाप्त छूट जाना...

एक हरा जंगल

एक हरा जंगल धमनियों में जलता है।
तुम्हारे आँचल में आग...
चाहता हूँ झपटकर अलग कर दूँ तुम्हें
उन तमाम सन्दर्भों से जिनमें तुम बेचैन हो
और राख हो जाने से पहले ही
उस सारे दृश्य को बचाकर
किसी दूसरी दुनिया के अपने आविष्कार में शामिल
कर लूँ।

लपटें
एक नये तट की शीतल सदाशयता को छूकर
लौट जायें।

अकेली ख़ुशी

लगता है प्रकृति नहीं यह
कोई आदिम महोत्सव है आज
जिसके किसी जादू-टोने के असर से मैं
ख़ुश नहीं, ख़ुश-सा पड़ गया हूँ दो क्षण

जी चाहता है तुम मेरे पास होती,
मेरे सिरहाने एक सह-अनुभूति—एक पहचानी हुई आवाज़
और हम स्वीकारते अनुगृहीत
इस प्रसन्न वनश्री का खुला हुआ आमन्त्रण।

ये झरनों का खेल-कूद,
ये हर्ष से महकता हुआ वन,
ये ठण्डी हवाओं के साथ
चीड़ के जंगलों में भटकता हुआ मन,
ये बूँदों के घुँघरू—उमंग भरे बादल,
ये रिमझिम का राग गुनगुनाता हुआ जंगल...

क्या तुम्हें मालूम है, मेरे प्यार,
कि दर्द के अकेलेपन से कहीं अधिक
असह्य हो सकता है कभी-कभी
ख़ुशी का अकेलापन?

दूर तक

अँधेरे को अचानक फूल बनाती हुई सुगन्ध
सुगन्ध को रूप देते हुए रंग
रंगों को एक चमक देता हुआ मौसम
मौसम को गोद देती हुई ज़मीन
ज़मीन को भर देते हुए बादल
बादल को आकाश देती हुई हवा...
आओ इन सबको अपने में भरकर
दूर तक फैल जाएँ...

डूबते देखा समय को

डूबते देखा समय को
जो अभी-अभी सूर्य था

अपने में अस्त
मैं, शाम में इस तरह व्यस्त
कि जैसे वह हुई नहीं—मैंने की,
उसके व्यर्थ रंगों को
एक साहसिक योजना दी।

पहले भी आया हूँ

जैसे इन जगहों में पहले भी आया हूँ
                                        बीता हूँ।
जैसे इन महलों में कोई आने को था
मन अपनी मनमानी ख़ुशियाँ पाने को था।
लगता है
इन बनती-मिटती छायाओं में तड़पा हूँ
किया है इन्तज़ार
दी हैं सदियाँ गुज़ार
बार-बार
इन ख़ाली जगहों में भर-भर कर रीता हूँ
रह-रह पछताया हूँ
पहले भी आया हूँ
            बीता हूँ।

श्रावस्ती

समय के समतल उतरकर
हाथ जोड़े-सी गुज़रती
एक नतमस्तक अपरिचित शाम।

यूँ ही याद आतीं
वे खँगाली सभ्यताएँ खँडहरों की तूँबियों में...
नहीं,
कुछ अब भी बची है कीर्ति-गाथा,
जिस तरह आक्षितिज सहसा गूँजकर
गूँजता रह जाय कोई चक्रवर्ती नाम।

जेतवन की परिव्राजक हवाओं में
आह, उन अनुपस्थितियों का स्पर्श,
जिनके बाद भी अस्तित्व में कुछ अर्थ बाक़ी है।

मस्तकविहीन बुद्ध प्रतिमा

जिसकी तुम्हें तलाश है
एक अत्यन्त प्राचीन छुरा
आज भी धँसा पड़ा है कहीं
समय की पसलियों में।
बुद्ध के तस्करों
विदेशियों की उत्सुकता से
कई बार पहले भी
शुरू की जा चुकी है
हमारी कहानी।
एक मस्तक शिखर किरीट।
एक प्रभामण्डल।
एक पुराकथा या एक सोने की चिड़िया।
कई बार पहले भी लुटेरे
ख़ाली उस सिर के लिए आये हैं
और ख़ाली सिर लेकर लौट गये !

कोणार्क

सुख-मुग्ध अलस आकृतियाँ,
विलसित काम-मुद्राएँ
देव-रक्षित काल-मुक्त
एक अतीन्द्रिय तन्मयता के मांसल संकेतों में कहतीं
कि जीवन आह्लाद है, शर्म नहीं।

वह जो इन निर्विकार प्रस्तर-प्रतिमाओं को अर्पित कर
प्रसाद-रूप ग्रहण हुआ—
हम जीवन के वशीभूत देवतुल्य
उन्हीं स्फुलिंग सुखों के सहभोक्ता हैं :
अन्धी गुफाओं में मुँह ढाँके धर्म नहीं।

ये महान शिलाचित्र,
सूर्य के प्रकाश में
अकुण्ठित आत्मा की निष्काम व्याख्या हैं :
जीवन की भरपूर स्वीकृति,
लाखों विरोधों में
किसी आधार-संगीत की अनुकृति।

रास्ते (फतेहपुर सीकरी)

वे लोग कहाँ जाने की जल्दी में थे
जो अपना सामान बीच रास्तों में रखकर भूल गये हैं?
नहीं, यह मत कहो कि इन्हीं रास्तों से
हज़ारों-हज़ारों फूल गये हैं...
वह आकस्मिक विदा (कदाचित व्यक्तिगत !)
जो शायद जाने की जल्दी में फिर आने की बात थी।

ये रास्ते, जो कभी ख़ास रास्ते थे,
अब आम रास्ते नहीं।
ये महल, जो बादशाहों के लिए थे
अब किसी के वास्ते नहीं।

आश्चर्य, कि उन बेताब ज़िन्दगियों में
सब्र की गुंजाइश थी...
और ऐसा सब्र कि अब ये पत्थर भी ऊब रहे हैं।

अनात्मा देह (फतेहपुर सीकरी)

इन परछाइयों के अलावा भी कोई साथ है।
सीढ़ियों पर चढ़ते हुए लगता है
कि वहाँ कोई है, जहाँ पहुँचूँगा।

मुँडेरों के कन्धे हिलते हैं,
झरोखे झाँकते हैं,
दीवारें सुनती हैं,
मेहराबें जमुहाई लेतीं,
गुम्बद, ताज़ियों के गुम्बद की तरह
हवा में काँपते हैं।

तालाब के सेवार-वन में जल की परछाइयाँ चंचल हैं,
हरी काई के क़ालीन पर एक अनात्मा देह लेटी है
और मीनारें चाहती हैं
कि लुढ़ककर उसके उरोजों को चूम लें।

सोने का नगर

वह तलछट है जहाँ आत्मदया, परिप्रेक्ष्य में
ज़िन्दगी नहीं
ज़िन्दगी की रट पर चढ़ी हुई कच्ची रंगमयता
जो छूटती चली गयी

काम और नाकाम में विभाजित
अपने कुल किये का भाग्यफल
अपनी ही अंगमयता के लिए लालायित।
वही जो रोज़-रोज़ होता
पर व्यतीत नहीं होता है। एक अनुभव—
तमाम अनुभवों को चबाकर नीरस
थूक रहा हूँ जो शब्दों के खोखल। साँस भर
ताक़त छटपटाने के लिए
उस ज़मीन पर विजय पाने के लिए
जिसे जीतने धूम से निकले थे
हवा को रौंदते घुड़सवार
और स्वर्ग के स्वामी इन्द्र ने
किये थे उल्का से प्रहार...

हाँ, परिचित हूँ उस ज़मीन से
जो भीग गयी थी हवाई बादलों से,
और देख रहा हूँ बुझी आँखों से
उस धधकते आकाश को भी
जहाँ शताब्दियाँ झुलस जाती हैं।

पहली दिग्विजय का वह भूरा धुँधला फाटक
धोखा था—पहला धोखा—जिसके बाद
सोने का नगर नहीं
केवल एक उजाड़ रूखी वापसी...

तीन

दिल्ली की तरफ़

जिधर घुड़सवारों का रुख़ हो
उसी ओर घिसटकर जाते हुए
मैंने उसे कई बार पहले भी देखा है।

दोनों हाथ बँधे, मजबूरी में, फिर एक बार
कौन था वह? कह नहीं सकता
क्योंकि केवल दो बँधे हुए हाथ ही
दिल्ली पहुँचे थे।

क़ुतुबमीनार

क्या हम अभी भी
उन्हीं नीचाइयों में खड़े हैं
जहाँ ऊँचाइयों का असर पड़ता है?

क्या ये सीढ़ियाँ हमें
उस सबसे ऊँची वाली जगह पर पहुँचा सकती हैं
जहाँ मीनारें ख़त्म हो जातीं
            और एक मस्तक शुरू होता
            ताजपोशी के लिए?

मेरे हाथों में एक दूरबीन है। मीनार
जिसके एक तरफ़ से मैं
            इतिहास के तमाम सितारों को देख रहा हूँ—
            उनके संसार जो अभी तक कहीं
            समय के चौथे आयाम में लक़दक़ हैं।

क्या मैं फिर किसी नये सितारे के समारोह में शामिल हूँ?
            या अँधेरी रातों में तारे गिन रहा हूँ?

इब्नेबतूता

माबर के जंगलों में
सोचता इब्नेबतूता—पैने बाँसों की सूलियों में बिंधे
कौन हैं ये जिनके शरीर से रक्त चूता?

दिन में भी इतना अँधेरा
या सुल्तान अन्धा है
जिसकी अन्धी आँखों से मैं देख रहा हूँ
मशाल की फीकी रोशनी में छटपटाता
तवारीख़ का एक पन्ना?—
इस बर्बर समारोह में
कौन हैं ये अधमरे बच्चे, औरतें जिनके बेदम शरीरों से
हाथ पाँव एक-एक कर अलग किये जा रहे हैं?
क़ाफिर? या मनुष्य? कौन हैं ये
मेरे इर्द-गिर्द जो
शरीअत के ख़िलाफ़
शराब पिये जा रहे हैं?

कोई नहीं। कुछ नहीं। यह सब
एक गन्दा ख़्वाब है
यह सब आज का नहीं
आज से बहुत पहले का इतिहास है
आदिम दरिन्दों का

जिसका मैं साक्षी नहीं...। सुल्तान,
मुझे इजाज़त दो,
मेरी नमाज़ का वक़्त है।

आज भी

उसके यह सन्देह प्रकट करते ही कि पृथ्वी नहीं
शायद सूरज ही घूमता हो
पृथ्वी के चारों ओर !
उसके चारों ओर इकट्ठा होने लगते
उतावले लोग। फिर एक बार
गैलीलिओ की तरह
उसकी हत्या के लिए उतावले लोग।

झूठ या सच से नहीं
इस तरह यक़ीन रखने वालों के बहुमत से
डरता हूँ
आज भी !

फ़ौजी तैयारी

हज़ारों साल से उसी एक पिटते हुए आदमी को
उसी एक पिटे हुए सवाल की तरह
उसी से पूछा जा रहा है
    'तुम कौन हो?
    कहाँ रहते हो?
    तुम्हारा नाम क्या है?'

किसी आठ अचल कोनोंवाली कोठरी में
गश्त लगाता क़ैदी
एक साथ तीन पहरेदारों को क़ैद किये है।

    बाहर
    चुम्बक की अदृश्य रेखाओं की तरह फैला है
    सींकचों का पकड़िया जंगल।

और यह एक ज़बरदस्त फ़ौजी इन्तज़ाम की
क़ामयाबी का पक्का सबूत है
कि बन्दूक़ हाथ में लेते ही
हमें चारों तरफ़ दुश्मनों के सिर
अपने आप नज़र आने लगते।

बर्बरों का आगमन*

अब किसी भी बात को लेकर
चिन्ता करना व्यर्थ है। वे आ गये हैं। उन्होंने
फिर एक बार हमें जीत लिया है।

उनके अफ़सर, सिपाही और कोतवाल—
उनके सलाहकार, मसख़रे और नक़्क़ाल—
उनके दरबारी और उनके नमकहलाल—
उनके मुसाहिब, ख़ुशामदी और दलाल—
चारों तरफ़
छा गये हैं। वे सब के सब
वापस आ गये हैं।
शहर की सभी ख़ास और आम जगहों पर उनका क़ब्ज़ा है।
उनके जत्थे अब
लूट की खुली छूट के लिए बेताब हैं।

* कवाफ़ी की कविता 'बर्बरों की प्रतीक्षा' से सन्दर्भ लेकर

वियतनाम

कितने विषाक्त अनुभवों को दोहराता
सिर उठाता सर्प-बोध कि आओ, फिर डसें,
ज़हर भी इलाज है
विस्थापित युग की धमाचौकड़ी में। ग़लत
किन्तु सही-सा
एक तर्क युद्ध है,
न बुद्ध है
न ईसा।

बार-बार चाटते
हत्या के चरफराते स्वाद को
ज़बान पर धधकती है जंगल की आग।
गोलियों और धमाकों के बीच
एक झुलसे हुए वार्तालाप की कोशिश—
'ठहरो, यह मत करो,
हमें इसका उत्तर देना होगा
विज्ञापन के चतुर लहजों में नहीं
किसी घायल बच्चे के दर्द-सी सादी भाषा में
कि कौन-सी मृत्यु अनिवार्य है?'

काले लोग

सुना है वे भी इन्सान हैं, मगर काले हैं,
जिन्हें कुछ गोरे जानवरों की तरह पाले हैं।
आदमी की किताब में इनकी भी
एक जात होती है—एक प्रकार होता है,
और इनकी असभ्यता से भी ज़्यादा ख़तरनाक सभ्यता में
इनका शिकार होता है।

ये तरह-तरह मारे जाते हैं।
कभी क़ानून के शिकंजे में फँसाकर,
कभी मादक द्रव्यों से हँसा-हँसाकर,
कभी घेरकर,
कभी थकाकर,
कभी छेड़कर,
कभी सताकर,
कभी फाँसी—कभी गोली—कभी छुरी—
जब जैसा मौक़ा—जब जैसे ज़रूरी...

सुना है ये गा भी सकते हैं,
नाच भी सकते हैं,
पढ़ भी सकते हैं,
लिख भी सकते हैं,
प्रार्थना कर सकते हैं,
नारे लगा सकते हैं,

मगर आदमी की तरह चल नहीं सकते,
न अपना रंग बदल सकते हैं।

आज का ज़माना

वही शायद फिर आ गया है लौटकर
मेरे दरवाज़े पर मुझे पुकार-पुकारकर जगाता हुआ
गुलामों और सुल्तानों का ज़माना।

आज चाँदनी चौक में बड़ी भीड़ है
लाल क़िले से जामा मस्जिद तक
इन्तज़ाम किया जा रहा है कि लोग खड़े हों एक पाँव पर
कोरनिश के लिए।

इन्तज़ार के लम्बे रास्तों पर खड़ी हैं
निकाली हुई एक जोड़ा पुरानी आँखें
कि देखें आज
किसकी सवारी निकलती है !

लापता का हुलिया

रंग गेहुआ ढंग खेतिहर
उसके माथे पर चोट का निशान
क़द पाँच फुट से कम नहीं
ऐसी बात करता कि उसे कोई ग़म नहीं।
तुतलाता है।
उम्र पूछो तो हज़ारों साल से कुछ ज़्यादा बतलाता है।
देखने में पागल-सा लगता—है नहीं।
कई बार ऊँचाइयों से गिर कर टूट चुका है

इसलिए देखने पर जुड़ा हुआ लगेगा
हिन्दुस्तान के नक़्शे की तरह।

भागते हुए

जहाँ पहले हमलों का क्रम था
वहाँ अब एक अँधेरा जंगल है।
जहाँ द्विविधाओं का दलदल था और लूटने-लुटने का भ्रम
वहाँ अब केवल एक गहरी उदासी का डुबाव है
हमेशा की तरह
वैभव और ज़ोर-ज़बरदस्ती का रास्ता
एक बहुत ठण्डी और अँधेरी घाटी में पहुँचकर
अचानक कहाँ खो जाता है?

हाँफते हुए राजमार्गों से नहीं
उलझी हुई पगडण्डियों से बार-बार पहुँचना
विदग्ध सम्राटों की तरह या मामूली डाकू की तरह
खोजते हुए वाल्मीकि का आश्रम...रौनक़ों से हटकर...

ललछौना के जंगल में घेरकर उनका घर
जिन्हें ज़िन्दा जला दिया था
वे तो सचमुच ग़रीब निकले। उनके पास कुछ भी न था
सिवाय उनकी पहले ही से
जली हुई ठठरियों के।

उनका सामान लेकर! रातोंरात
अँधेरे में सेंध लगाकर भाग निकलने की बेचारी कोशिश।

आज भी वे
अनेक साम्राज्यों और बियाबानों से होते हुए
भागे चले जा रहे हैं।

काफ़ी बाद

हमेशा की तरह इस बार भी
पुलिस पहुँच गयी थी घटनास्थल पर
घटना के काफ़ी बाद
ताकि इतिहास को सही-सही लिखा जा सके
चश्मदीद गवाहों के बयानों के मुताबिक।
एक पूरी तरह जल चुकी चिता
और पूरी तरह जल चुकी लाशों के सिवाय
अब वहाँ कोई न था गवाह
जिसने अपनी आँखों से देखा हो
उन बूढ़े, जवान, बच्चों को जिन्होंने उत्साह से चिता
बनायी थी
उन लोगों को जिन्होंने मिलकर चिता में आग
लगायी थी
और उन हत्यारों को जिन्होंने कुछ बेबस इन्सानों को
लपटों में झोंक-झोंक कर होली मनायी थी...
यह सब कहाँ हुआ? इसी देश में।
यह सब क्यों होता है किसी देश में?—
बेल्सेन में—बिआफ्रा में—बेलची में—वियतनाम में—
बांग्लादेश में—

सन्नाटा या शोर

कितना अजीब है
अपने ही सिरहाने बैठकर
अपने को गहरी नींद में सोते हुए देखना।
    यह रोशनी नहीं
    मेरा घर जल रहा है।
    मेरे ज़ख्मी पाँवों को एक लम्बा रास्ता
    निगल रहा है।
    मेरी आँखें नावों की तरह
    एक अँधेरे महासागर को पार कर रही हैं।
यह पत्थर नहीं
मेरी चकनाचूर शक्ल का एक टुकड़ा है।
मेरे धड़ का पदस्थल
उसके नीचे गड़ा है।
मेरा मुँह एक बन्द तहख़ाना है। मेरे अन्दर
शब्दों का एक गुम ख़ज़ाना है। बाहर
एक भारी पत्थर के नीचे दबे पड़े
किसी वैतालिक अक़्लदान में चाभियों की तरह
मेरी कटी उँगलियों के टुकड़े।
    क्या मैं अपना मुँह खोल पा रहा हूँ?
    क्या मैं कुछ भी बोल पा रहा हूँ?
लगातार साँय...साँय...मुझमें यह
सन्नाटा गूँजता है कि शोर?

इन आहटों और घबराहटों के पीछे
कोई हमदर्द है कि चोर?
लगता है मेरे कानों के बीच एक पाताल है
जिसमें मैं लगातार गिरता चला जा रहा हूँ।

मेरे बाग़ीं तरफ़
क्या मेरा बायाँ हाथ है?
मेरा दाहिना हाथ
क्या मेरे ही साथ है?
या मेरे हाथों के बल्लों से
मेरे ही सिर को
गेंद की तरह खेला जा रहा है?

मैं जो कुछ भी कर पा रहा हूँ
वह विष्टा है या विचार?
मैं दो पाँवों पर खड़ा हूँ या चार?
क्या मैं ख़ुशबू और बदबू में फ़र्क़ कर पा रहा हूँ?
क्या वह सबसे ऊँची नाक मेरी ही है
जिसकी सीध में
मैं सीधा चला जा रहा हूँ?

वह कभी नहीं सोया

वह जगह
जहाँ से मेरे मन में यह द्विविधा आयी
कि अब यह खोज हमें आगे नहीं बढ़ा पा रही
मेरे घर के बिल्कुल पास ही थी।

वह घाटी नहीं तलहटी थी
जिसे हमने खोद निकाला था—
और जिसे खोद निकालने की धुन में
हम सैकड़ों साल पीछे गड़ते चले जा रहे थे
इतनी दूर और इतने गहरे
कि अब हमारी खोज में हमें ही खोज पाना मुश्किल था।

शायद वहीं एक सभ्यता का अतीत हमसे विदा हुआ था
जहाँ साँस लेने में पहली बार मुझे
दिक़्क़त महसूस हुई थी
और मैं बेतहाशा भागा था
उस ज़रा-से दिखते आसमान, वर्तमान और खुली हवा की ओर
जो धीरे-धीरे मुँदते चले जा रहे थे।

एक खोज कहाँ से शुरू होती और कहाँ समाप्त
इतना जान लेने के बाद क्या है और क्या नहीं

यहीं से शुरू होती आदमी की खोज,
उसकी रोज़मर्रा कोशिश
कि वह कैसे ज़िन्दा रहे उन तमाम लड़ाइयों के बीच
जो उसकी नहीं—जो उसके लिए भी नहीं—जिनमें
वह न योद्धा कहलाए न कायर,
केवल अपना फ़र्ज़ अदा करता चला जाय
ईमानदारी से
और फिर भी अपने ही घर की दीवारों में वह
ज़िन्दा न चुनवा दिया जाय।

वह अचानक ही मिल गया।
कुछ निजी कारणों से उसने
अपना नाम नहीं केवल नम्बर बताया।
इतिहास देखकर जब वह वर्षों ऊब गया
उसने अपने लिए क़ब्रनुमा एक कमरा बनाया
और एक बहुत भारी पत्थर को ओढ़कर सो गया।

वह फिर कभी नहीं जागा, यद्यपि उसे देखकर लगता था
कि वह कभी नहीं सोया था। उस ठण्डी सीली जगह में
उसकी अपलक आँखों का अमानुषिक दबाव, उसकी आकृति,
उसकी व्यवहारहीन भाषा—कुछ संकेत भर शेष थे
कि वह पत्थर नहीं आदमी था
और हज़ारों साल से आदमी की तरह ज़िन्दा रहने की कोशिश
कर रहा था।

उस टीले तक

जेबों में कुछ पुराने सिक्के,
हाथों में लगाम,
लँगड़ाते टट्टुओं पर सवार,
ऊबड़-खाबड़ सफ़र तय करते
हमने जिस टीले पर पहुँचकर पड़ाव किया
        कहते हैं वहीं से सिकन्दर ने अपने घर वापस
        लौटने की कोशिश की थी !

'घर'—मैंने इस शब्द की व्याकुल गूँज को
अक्सर ऐसी जगहों पर सुना है
जो कभी किसी विजेता के जीतों की अन्तिम हद रही है।

        लेकिन हम वहाँ बिल्कुल उल्टे रास्ते से पहुँचे थे
        और बिल्कुल अकस्मात्। यानी कोई इरादा न था
        कि हम वहाँ खड़े होकर, भूखे-प्यासे बच्चों से घिरे,
        उस उजाड़ जगह का मुआयना करते हुए
        सिकन्दर के भूत या भविष्य के बारे में अनुमान लगाते।
        'नहीं, हम अब और आगे नहीं जा सकते,
        हम बेहद थक चुके हैं, हम घर पहुँचना चाहते हैं'
        उन सब ने मिलकर
        लगभग बग़ावत कर दी थी। अगर मैं सिकन्दर होता

तो मुमकिन है उस रात उन तेरहों का ख़ून कर देता
जो पीछे लौटनेवालों के अगुवा थे। हमने
वह सीमा क़रीब-क़रीब ढूँढ़ ही निकाली थी
जहाँ तक सिकन्दर पहुँचा था।

पूरा जंगल

पूरा जंगल उसकी नींद की शान्ति है।
एक जनते जन्मते क्षण में द्विविधाग्रस्त हूँ—
किसे रोशनी कहूँ? किसे अँधेरा?
किसे शिकार कहूँ? किसे शिकारी?
किसे शिखर कहूँ? किसे धरातल?

अँधेरे को काटती उसकी आँखों की लौ
छाया है? या उसकी छाया में उजाला
उसका बदन? हाँफता
पूरा वज़न। जागता जम्हाई लेकर
सतर्क पूरा वन
उसकी गति है, छलाँग है, महक है
और कितनी तरह है वह और उसकी पहचान का जोखिम
आग और पानी में दमक दाँतों की
लपलपाती एक साथ शुष्क तरल रक्त-बुझी
उसकी जीभ।

पेड़ों झुरमुटों में बहती
हवा। धीरे-धीरे गुज़रती देह
ऊँघती उसकी आँखें—
निमग्नता है,
शान्ति है,
दया है,

क्रूरता है,
उपेक्षा है, वह
भयानक है। वह
सुन्दर है। वह
तटस्थ है।

उसकी तटस्थता। उसका पूरा जंगल है।